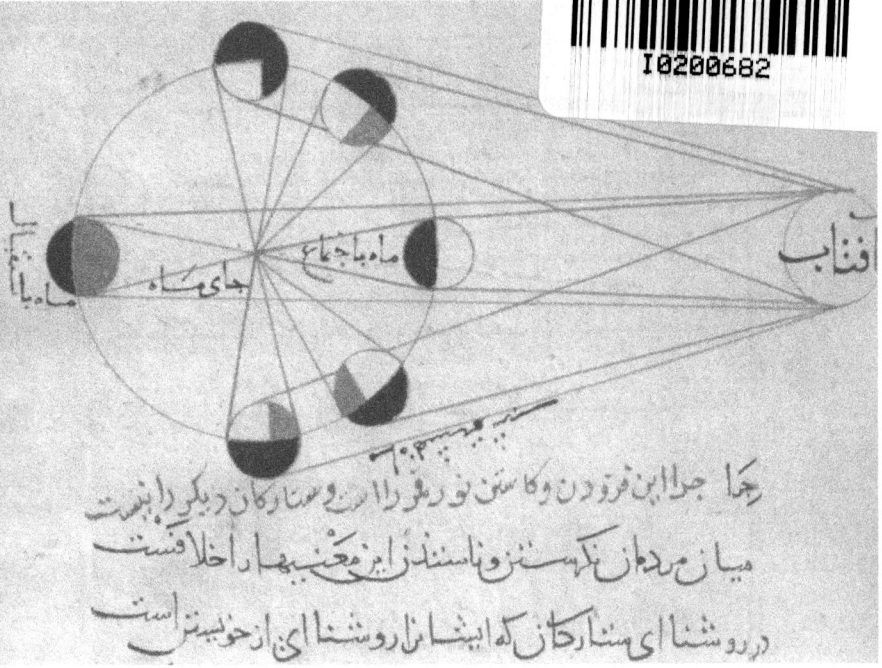

ISLAM,
HET EVOLUTIEDEBAT
EN BEELDVORMING

Jonas Slaats

Yunus Publishing / Kif Kif
Punkademics

ISLAM, HET EVOLUTIEDEBAT EN BEELDVORMING
Jonas Slaats

Versie 1.1

Een
Yunus Publishing / Kif Kif
'Punkademics'
Publicatie

Gent
2017

www.jonasslaats.net
www.yunuspublishing.org
www.kikif.be

ISBN (boek): 978-94-926-8905-4
ISBN (e-boek): 978-94-926-8906-1
ASIN (kindle): B074DG512P
D/2017/12.808/3

Dit essay is gebaseerd op een eerder verschenen essay van dezelfde auteur *Islam en evolutieleer* in C. Van Kerckhove, J. Van Poucke & E. Vens (Red.). *'Hier staan we voor! Levensbeschouwingen over cruciale ethisch-maatschappelijke thema's'*. Garant, 2015. en werd aangevuld met delen uit zijn boek *Food Fatwa's: over islam, moderniteit en geweld*. Davidsfonds, 2017.

*Deze uitgave werd mede mogelijk gemaakt
door de financiële ondersteuning van
de Vlaamse overheid.*

Islam, HET EVOLUTIEDEBAT EN BEELDVORMING

Jonas Slaats

INHOUD

INLEIDING:
ISLAM EN EVOLUTIELEER OP
DE ZEVENDE DAG

Op geregelde tijdstippen krijgen we in de media te horen dat een groot deel van de Vlaamse en Nederlandse moslimjongeren de evolutietheorie niet accepteren. Meer dan andere leerlingen, zouden zij het creationisme onderschrijven en zich daarom niet akkoord verklaren met de leerstof van de lessen biologie. Het werd in 2005 door onderzoek ook duidelijk bevestigd: wanneer men een gemiddelde klas in een secundaire school in Vlaanderen of Nederland binnenstapt en er vraagt wie de evolutietheorie niet aanvaardt, zal het grootste deel van de moslimleerlingen inderdaad de hand op steken.[1]

In 2008 was dit fenomeen het onderwerp van debat tijdens een aflevering van *De Zevende Dag*, het populaire praatprogramma op de Vlaamse TV-omroep waarin maatschappelijke en politieke kwesties uitvoeriger besproken worden. Een gekend TV-anker ging toen in gesprek met een conservatieve Antwerpse imam en een bekende Gentse wetenschapsfilosoof. Een deeltje van dat debat ging als volgt:

Presentator: "In de korte reportage die we zonet zagen, wijzen alle moslimleerlingen de theorie af. Is dat een normaal verschijnsel?"

Imam: "Ja. Wij leren immers dat God ons geschapen heeft. Het scheppingsverhaal staat niet alleen in de Koran maar ook in de Torah en de Bijbel. Het is volgens ons dan ook onmogelijk dat de evolutie zich in etappes heeft gevormd. Alle openbaringsboeken bevestigen immers dat God de mens uit klei geschapen heeft en in die klei het leven heeft ingeblazen. De evolutietheorie aanvaarden wij dus niet omdat het een ideologisch systeem is waarmee men het geloof in de godsdiensten wenst te bestrijden."

Presentator: "Professor, wist u dat de evolutietheorie binnen de islamitische gemeenschap zo weinig aanvaard wordt?"

Professor: "Ik was me daar al enkele jaren van bewust en ben ook blij dat er nu wat meer aandacht voor is omdat we hier duidelijk met een fundamenteel probleem zitten. Ik vind dan ook dat de verantwoordelijkheid van de imam in dit soort zaken heel groot is. Het gaat immers niet enkel om de evolutietheorie. Het gaat om wetenschappen in het algemeen. Evolutietheorie werkt met de wetenschappelijke methode, met experimenten, met hypothesen die kunnen weerlegd worden, enz. Die mensen verwerpen dus niet enkel de evolutietheorie, maar de wetenschappelijke methode op zich. En er zijn al problemen met de marginalisatie van die mensen – ze vinden bijvoorbeeld moeilijker jobs en stromen minder door naar hogere studies – maar ze schakelen zichzelf nog meer uit als ze de Koran letterlijk willen nemen. Al geldt dat natuurlijk ook voor mensen die de Bijbel letterlijk nemen, want het gaat me helemaal niet om de islam op zich. Het is dus belangrijk dat we beter kunnen uitleggen dat het aanvaarden van wetenschappelijke theorieën niet noodzakelijk hoeft te betekenen dat men het belang van tradities zoals de islam en het christendom verwerpt."

Presentator: "Mr. de imam, volgens u kan er dus geen wetenschappelijke vooruitgang bestaan die strijdig is met de Koran."

Imam: "Integendeel. Wij zijn helemaal niet tegen de wetenschap. Meer nog, in de Koran vindt u net enorm veel wetenschappelijke informatie. Maar het gaat hier niet om de Koran want in dit geval spreekt de wetenschap zichzelf tegen. In Darwins tijd was de wetenschap immers nog niet ver genoeg gevorderd. Ondertussen zijn er genoeg wetenschappelijke studies uitgevoerd die de evolutieleer tegenspreken."

Professor: "Met alle respect, maar ik denk dat meneer slecht geïnformeerd is. In de wereldwijde wetenschappelijke gemeenschap worden alle basisaspecten van de evolutietheorie fundamenteel geaccepteerd. Natuurlijk zijn er interne gezonde discussies – dat is in elke wetenschap zo – maar over de kernaspecten is men het eens. Mocht het echt zo zijn dat er gegevens waren die de evolutietheorie tegenspraken, dan zou de wetenschap dat accepteren, mits daar natuurlijk krachtige bewijzen voor waren. Als je daar mee afkomt win je meteen een nobelprijs."

Imam: "Er zijn nochtans voldoende wetenschappers die het weerleggen. Kijk bijvoorbeeld naar iemand als Harun Yahya. En zoals hem zijn er nog vele wetenschappers. Maar heel wat van die wetenschappers staan onder druk. Ze hebben schrik om niet aanvaard te worden in academische en wetenschappelijke middens waardoor ze hun bevindingen soms niet durven publiceren. Maar uiteindelijk is het bedrog om te zeggen dat mensen van apen afstammen. Mensen zijn een unieke creatie van God."*

---

*Om een zekere vlotheid in de tekst te bewaren, hou ik geen letterlijke transcriptie aan. Herhalende of overbodige woorden werden weggelaten, grammaticale spreekfouten werden opgeschoond en enkele zinnen werden verplaatst om ze beter te laten aansluiten bij een andere paragraaf. Uiteraard werden geen fundamentele inhoudelijke wijzigingen aangebracht. Het hele gesprek kan bekeken worden via
http://www.youtube.com/watch?v=4MMpxlN-TdQ en
http://www.youtube.com/watch?v=LKhG94hIZx4 (laatst bezocht op 09/09/2014).

Aangezien dit essay geenszins de intentie heeft om specifieke figuren te viseren maar daarentegen wel bedoeld is om de onderliggende patronen in het gangbare debat grondiger te analyseren, werd er expliciet voor gekozen de namen van de presentator, de imam en de professor achterwege te laten. Het hele debat wordt hier slechts bij wijze van inleiding aangehaald als een soort archetypisch voorbeeld van gelijkaardige gesprekken die men telkens opnieuw in licht gewijzigde vorm kan aantreffen in allerhande talkshows, debatten en opiniepolemieken.

De vooronderstellingen die aan dergelijke debatten ten grondslag liggen, worden echter zelden kritisch in vraag gesteld. Men gaat er immers al snel van uit dat de kern van de zaak heel eenvoudig te verklaren is en geen verdere uitleg behoeft. We weten immers dat moslims in een almachtige en scheppende God geloven, zo luidt de stelling, waardoor het vrij vanzelfsprekend is dat de islam, net als het christendom, de evolutietheorie zou verwerpen. Al dan niet luidop voegt men daar vervolgens aan toe dat het verschil in de hedendaagse benadering van de evolutieleer onder de meerderheid van de Vlaamse christenen en de meerderheid van de Vlaamse moslims te maken heeft met hun specifieke culturele geschiedenis. De islamitische wereld, zo stelt men, heeft immers geen verlichtingsperiode doorgemaakt zodat moslims zich nog steeds vasthouden aan een letterlijke lezing van de Koran.

Dergelijke vooronderstellingen staan echter bol van de historische, theologische en sociologische misvattingen.

TENDENSEN
IN DE ISLAMITISCHE WERELD

HUSAYN AL-JISR

Reeds in 1888, zo'n twee jaar na het overlijden van Darwin, schreef de Syrische dokter en islamgeleerde Husayn al-Jisr het boek *Al-Risala al-Hamidiyya (De Hamidische verhandeling)*. Daarin verdedigde hij de stelling dat de ideeën van Darwin hoegenaamd niet indruisen tegen het islamitische geloof of de Koran.

Al-Jisr deed een grondige studie naar de verschillende relevante verzen in de Koran en onderzocht de klassieke exegetische werken. Uiteindelijke concludeerde hij...

> ...dat de stellingen van de evolutietheorie geen enkele doorslaggevende interpretatie van deze teksten aanvechten, zolang er binnen de theorie ruimte is voor God als de uiteindelijke Schepper. (...) Verder waren de relevante verzen zijns inziens vatbaar voor verschillende interpretaties, terwijl de implicaties van de evolutietheorie voor het ontstaan der soorten wel degelijk kunnen passen binnen een van deze mogelijke interpretaties. (...) Het vers "O, gij mensen, vreest uw Heer, Die u van één enkele ziel schiep en daaruit haar gezellin schiep (03:01)" zou bijvoorbeeld kunnen betekenen dat zij geschapen is uit

Adams rib, of, volgens andere interpretaties, dat zij tot dezelfde soort als Adam behoort. Verder noemde al-Jisr Koranverzen die de stelling van de evolutietheorie, dat het leven in het water begon, zouden ondersteunen zoals het vers: "En God heeft elk dier uit water geschapen (25:45)."[2]

Volgens al-Jisr was het dus mogelijk om bepaalde verzen allegorisch te interpreteren en de evolutietheorie in de bredere scheppingsvisie van de islam te integreren. Als eerlijk wetenschapper voegde hij er wel aan toe dat de evolutietheorie in zijn tijd nog slechts een hypothese was. De discussie erover was nog helemaal niet beëindigd en hij zag bijgevolg geen nood om de evolutietheorie zonder meer te aanvaarden en de relevante Koranverzen, in het licht daarvan, uit alle macht te herinterpreteren. Maar mocht de evolutietheorie de test doorstaan, dan zou men die zonder problemen als moslim kunnen aanvaarden vanuit een juiste lezing van de Koran.

Al-Jisrs boek was geen pleidooi van een zonderling in de marge. Niet alleen werd het aanvaard door de overige Syrische moslimgeleerden maar het werd ook bekrachtigd door de geleerden van de belangrijkste academische instelling van die tijd, de al-Azhar universiteit in Caïro. Het boek kwam uiteindelijk zelfs terecht in de handen van de toenmalige Ottomaanse Sultan Abd al-Hamid II. Die gaf er al-Jisr een prijs voor en beloonde hem van toen af aan met een maandelijks salaris. Aangezien de sultan de hoogste autoriteit was in de toenmalige soenitische wereld verleende dit heel wat aanzien aan zijn werk.

Daarenboven werd de visie, die al-Jisr voor het eerst uiteenzette, later door verschillende vooraanstaande geleerden gevolgd. Belangrijke figuren zoals Abbas al-Aqqad, Muhammad Iqbal, Muhammad Ahmad Bashmil, Mustafa Mahmud, Abd al-Latif Hammush en Mohammad Rida al-Isfahai bouwden er op verder. Het mag dan ook duidelijk zijn de evolutietheorie van meet af aan werd opgenomen in de denkwereld van de islamitische intelligentsia.[3]

Dat stelt ons natuurlijk voor een intrigerende vraag: waar komt dan het wijdverspreide idee vandaan dat de evolutietheorie niet in overeenstemming zou zijn met de islam? En hoe komt het dat zoveel hedendaagse moslims het creationisme aanhangen?

Moslims zullen die vraag dikwijls beantwoorden door te verwijzen naar zogezegde geleerden die de evolutietheorie weerleggen en die een Koranisch creationisme onderschrijven. Wie in dit verband vaak wordt aangehaald is Harun Yahya. Zoals in de inleiding van dit essay te lezen was, schoof ook de imam deze naam expliciet naar voor tijdens het TV-gesprek op *De Zevende Dag*.[4]

HARUN YAHYA

In 2006 publiceerde Harun Yahya *The Atlas of Creation*, een bijzonder dik (en duur uitgegeven) naslagwerk vol foto's van allerhande fossielen die als bewijs moeten dienen van onjuistheden in de evolutietheorie.[5] Het boek werd op uitzonderlijk grote schaal verspreid. Zo is het dikwijls prominent aanwezig in islamitische boekhandels, waar het soms een opzichtige plaats krijgt in een rekje dat ook andere werken van Harun Yahya bijeen brengt. Maar het gaat verder dan dat. In 2007 werd het via een gerichte campagne van Harun Yahya en zijn organisatie naar duizenden docenten, professoren en onderzoeksinstellingen in Europa en de VS verstuurd. Ook de professor die deelnam aan het debat in *De Zevende Dag* kreeg er eentje in zijn bus.[*]

---

[*] Dat alles roept natuurlijk heel wat vragen op over de geldschieters achter de publicatie, maar hoe dat precies zit, is moeilijk te achterhalen.

Wie een minimum aan achtergrondkennis over het onderwerp bezit en het boek even open slaat, beseft onmiddellijk hoe onwetenschappelijk het is en ziet zonder problemen dat het op geen enkele manier met stevig academisch werk kan concurreren. Daarenboven heeft deze flamboyante man, die ook bekend staat als Adnan Oktar (of Adnan Hoca – 'meester' Adnan – zoals zijn volgelingen hem noemen), een talkshow op zijn eigen Turkse TV-kanaal. Enkele minuten naar deze talkshow kijken (waarin hij zich steevast laat omringen door hevig gemaquilleerde en rondborstige dames terwijl hij heen en weer wiegt op de muziek van hedendaagse popsongs) is voldoende om in te zien dat we hem maar bezwaarlijk een serieuze wetenschapper kunnen noemen – laat staan een spirituele leider van enig niveau.* Het is echter opvallend hoe weinig (niet-Turkse) moslims zich hiervan bewust zijn. Dat blijkt ook uit het feit dat de imam hem vol lof vermeldt hoewel hij vele andere aspecten van Harun Yahya's levenswijze in grote mate zou afkeuren.

Dat maakt het natuurlijk allemaal nog verwarrender. Het verklaart immers nog steeds niet waarom hedendaagse moslims zo sterk overtuigd zijn dat hun traditie de evolutietheorie zou verwerpen. Integendeel, het wordt nog onbegrijpelijker. Want als die Harun Yahya noch op theologisch noch op wetenschappelijk vlak van enige betekenis is, hoe komt het dan dat zijn denkbeelden zo snel en zo onkritische werden opgepikt door de wereldwijde moslimgemeenschap? Hoe komt het dat

---

* Zie bijv.: Kontak, *Adnan Oktar - (Jennifer Lopez - Fresh Out The Oven)*, 2016; Gayzer, *Adnan Oktar Club Mode On*, 2012; Hajiyev, *Adnan Oktar (Harun Yahya) shows how to dance Gangnam style*, 2012. Op youtube kan men ook een korte documentaire bekijken over de organisatie van Adnan Oktar, gemaakt door de mensen van Broadly, een 'women's interest channel' op het nieuws- en blogplatform Vice. De makers waren enigszins naïef en hadden zich duidelijk te weinig geïnformeerd, maar niettemin krijgt men een aantal interessante aspecten te zien van de cultus rond deze bizarre man. Zie: Broadly, *Inside The Weird World of an Islamic 'Feminist' Cult*, 2015.

een enorm aantal Vlaamse moslims denken dat hun eigen geloofstraditie meer in overeenstemming is met de creationistische ideeën van zo'n schimmige figuur dan met de ideeën van een degelijke geleerde zoals Hussayn al-Jisr?

Het antwoord luidt, eigenaardig genoeg, dat de islamitische wereld moderne christelijke debatten heeft overgenomen.

Het hedendaagse evolutiedebat is immers een Amerikaans debat. In de VS werd het weer sterk aangewakkerd doorheen het politieke getouwtrek tussen conservatieve en liberale drukkingsgroepen. Daarenboven zit het er ingebed in een christelijke cultuur die een oude spanning kent tussen geloof en wetenschap – al is die spanning ook weer niet zo oud.

Indien we dus afdoende willen begrijpen welke evoluties het evolutiedebat in de islamitische wereld doormaakte, is het noodzakelijk om eerst even kort uit te weiden over de relatie tussen christendom en wetenschap in het algemeen en, vervolgens, over de moderne Amerikaanse oorsprong van het evolutiedebat in het bijzonder.

CHRISTENDOM EN CREATIONISME

CHRISTENDOM EN WETENSCHAP

Het is helemaal niet zo dat het christendom geen enkele neiging tot 'wetenschappelijk' of 'rationeel' onderzoek vertoond. Meer nog, het uitgebreide historische overzicht van James Hannam in zijn boek *God's Philosophers: How the Medieval World Laid the Foundations of Modern Science* laat duidelijk zien hoe christelijke overtuigingen de basis vormden voor de moderne wetenschappen: "Het startpunt van alle natuurfilosofie in de Middeleeuwen was het idee dat de natuur door God gecreëerd werd. Dat zorgde ervoor dat het als een legitiem studiegebied werd beschouwd. Via de natuur kon de mens immers meer over zijn Schepper te weten komen. Middeleeuwse geleerden waren ervan overtuigd dat de natuur de wetten volgde die door God waren toegekend en aangezien God consistent was en niet grillig, waren die wetten constant en had het zin om deze nauwkeurig te onderzoeken."[6]

Het is bijgevolg evenmin correct dat de Kerk (of het christelijke geloof in het algemeen) zich tegen allerhande wetenschappelijke ontwikkelingen kantte of elke onderzoeker die te vrijdenkend was een kopje kleiner maakte. Het druist in tegen wijd verspreide denkbeelden, maar uit de historische feiten blijkt dat de Kerk nooit het idee onderschreef dat de aarde plat was, dat ze nooit verbood om mensenlichamen anatomisch te ontleden, dat ze het getal nul nooit verbande en dat ze daarentegen wel degelijk heel actief allerhande wetenschappelijk onderzoek steunde.[7]

Iemand als Galileo, bijvoorbeeld, werd helemaal niet gefolterd of op de brandstapel geplaatst, zoals vaak wordt gedacht. Hij onderhield zelfs lange tijd een bijzonder goede relatie met de paus. Maar omwille van de controverse die één van zijn boeken teweeg bracht (en die grotendeels te maken had met een persoonsgebonden frictie tussen hem en diezelfde paus), werd hij wel berecht. Het proces eindigde slechts in huisarrest.[*] Tijdens dat huisarrest zette Galileo zich opnieuw aan het schrijven met zijn *Gesprekken en Wiskundige Bewijzen Aangaande Twee Nieuwe Wetenschappen* tot gevolg. Dit boek, dat hem in de ogen van alle volgende generaties tot één van de grootste wetenschappers aller tijden zou maken, werd clandestien uitgegeven, maar werd nooit op de *Index librorum prohibitorum* (*Lijst van Verboden Boeken*) geplaatst en er is geen bewijs dat de kerkelijke autoriteiten hem nog verder lastig vielen. Ook toen de bekende Engelse protestantse poëet John Milton hem in 1638 bezocht, maakte niemand daar een punt van.

---

[*] Wie wel op de brandstapel eindigde was Giordanno Bruno. Men stelt wel eens dat deze prediker gedood werd omwille van zijn wetenschappelijk ideeën. Maar ten tijde van Bruno's proces was het idee dat de aarde rond de zon draaide nog niet als ketterij bestempeld en met zijn overtuiging dat het universum oneindig groot was, herhaalde hij slechts wat ook al verwoord was door iemand als kardinaal Nicolas van Cusa. Bruno werd vooral gedood omwille van bepaalde problematische theologische stellingen die hij overal luid verkondigde, omwille van de vele vijanden die hij creëerde (aangezien hij steeds grote ruzies ontketende waar hij zijn controversiële ideeën predikte) en omwille van zijn grote koppigheid. Hij weigerde immers formeel van zijn ideeën af te zien en vergiffenis te vragen. Zoiets legitimeert zijn proces en dood natuurlijk niet, het maakt enkel duidelijk dat hij geen slachtoffer was van een botsing tussen geloof en wetenschap. (Zie: Hannam, *God's Philosophers*, 2009.)

Uiteindelijk stierf Galileo in alle rust en op zeer oude leeftijd in de nacht van 8 januari 1642.[8]

Het idee dat religie en wetenschap met elkaar in conflict zouden zijn, is uiteindelijk vooral een expliciete uiting van het modernistische gedachtegoed, dat alles wat met geloof en religie te maken heeft steeds meer afschilderde als louter irrationele nonsens uit 'de donkere middeleeuwen'. In de 16[de] eeuw werd het de intellectuele trend om terug te keren naar oude Griekse en Romeinse literatuur. Het middeleeuwse Latijn, en de teksten die erin geschreven waren, vonden toenmalige academici alsmaar minder interessant. Protestantse intellectuelen deden er nog een schepje bovenop. In hun poging om de katholieke Kerk in een slecht daglicht te stellen, stelden ze dat er vóór de reformatie geen belangrijke wetenschappelijke verwezenlijkingen waren gebeurd. In de 18de eeuw werd het hele idee extra kracht bijgezet door schrijvers zoals Voltaire en d'Alembert die de verbondenheid tussen de clerus en de monarchie aanklaagden. Ze beschreven de middeleeuwen als een periode waarin de Kerk wetenschappelijke vooruitgang moedwillig had tegen gehouden. In de 19[de] eeuw werd het nog eens extra versterkt door propagandisten zoals de Brit Thomas Huxley en de Amerikaan John William Draper. Die laatste publiceerde bijvoorbeeld het invloedrijke *History of the Conflict between Religion and Science* (*De geschiedenis van het Conflict tussen Religie en Wetenschap*). Dat werk droeg er sterk toe bij dat de gedachte, die in de titel bijzonder expliciet wordt verwoord, een onderdeel werd van ons algemene wereldbeeld.[9]

DE FUNDAMENTALISTEN
EN HUN BIJBELS LITERALISME

Dat velen vandaag alsnog hardnekkig blijven beweren dat geloof en wetenschap met elkaar in conflict zijn, is hoofdzakelijk een gevolg van het hele debat rond de evolutieleer. Nochtans was het vroeger geen 'kerkelijke verplichting' om de Bijbelverhalen letterlijk te nemen. Hoewel men zich in het verleden vaak tot de Bijbel wendde als een bron van historische informatie, indien nieuwe ontdekkingen de Bijbel tegenspraken, was het altijd mogelijk om op een meer symbolische lezing terug te vallen. Kerkvaders zoals Origines in de 3de eeuw en Augustinus in de 5de eeuw gaven al aan dat Genesis zonder problemen allegorisch kon gelezen worden.[10] Vóór de zestiende eeuw was het nu eenmaal vanzelfsprekend om teksten zoals het scheppingsverhaal symbolisch en mythologisch te lezen.[11]

Het is dus helemaal geen 'moderne' manier van omgaan met heilige teksten wanneer men ze symbolisch, metaforisch en allegorisch interpreteert, zoals vaak wordt gedacht. Wat daarentegen wel een modern fenomeen is, zijn christelijke groepen die zich uiterst krampachtig willen vasthouden aan een letterlijke interpretatie van Bijbelteksten. Deze ontstonden vooral op het einde van de 19de eeuw. Een grote groep Amerikaanse christenen had toen het gevoel dat hun religieuze kijk op de wereld onder druk stond en wenste deze koste wat kost te beschermen. Omwille van het ondertussen dominant geworden modernistische denkkader zorgde die 'beschermreflex' er bovendien voor dat men zich expliciet distantieerde van bepaalde wetenschappelijke bevindingen. Zo werd tussen 1910 en 1915 'The Fundamentals' gepubliceerd, een serie van negentig essays die als doel hadden om 'de fundamenten' van het protestantse geloof op te lijsten. Deze essays vormden een soort richtlijn voor een brede beweging van christenen die hun 'gelovigheid' weer expliciet opeisten. In overeenstemming met de titel van de essays werden ze 'de fundamentalisten' genoemd – wat er tevens voor zorgde dat het woord 'fundamentalisme' ingang vond in ons dagelijkse taalgebruik. En aangezien één van de fundamenten volgens de auteurs van de essays er in bestond de Bijbel letterlijk te nemen, groeiden de fundamentalisten uit tot de belangrijkste pleitbezorgers van het hedendaagse creationisme.[12]

Koppig Bijbels literalisme ontstond dus pas in een periode waarin het rationele en wetenschappelijke almaar dominanter werd. Op dat vlak kunnen we dan ook een interessante parallel opmerken: in een tijd waarin de zoektocht naar 'waarheid' steeds meer verengd werd tot een zoektocht naar feiten, gaan ook gelovigen hun geloof 'verletterlijken'. In een tijd waarin enkel het concrete en materiële van tel lijkt, gaan ook gelovigen hun religie verharden tot 'fundamenten'.

*

Met deze korte uiteenzetting over het ontstaan van de vermeende spanning tussen 'geloof' en 'wetenschap' en de plaats van het evolutiedebat daarbinnen, kunnen we ons terug op het islamitische creationisme richten. In de geschiedenis van de islam kan men immers een gelijkaardig patroon ontwaren.

ISLAM
EN CREATIONISME

ISLAM EN WETENSCHAP

De islamitische traditie heeft altijd veel waarde gehecht aan natuurkundig onderzoek en zorgde voor uiterst belangrijke theoretische en technische ontwikkelingen. Oude traktaten legden daardoor geregeld een expliciete nadruk op de overeenstemming tussen de Koran en wat men vandaag zou aanduiden als 'wetenschappelijke bevindingen'. Het vormde allemaal een onderdeel van de grotere zoektocht naar kennis en, net zoals in de christelijke wereld, een wil om Gods schepping te leren doorgronden.[13] Daarenboven was het ook in de islamitische wereld heel normaal om allerhande teksten symbolisch, metaforisch en allegorisch te lezen.[14]

Een werk als *The Atlas of Creation* van Harun Yahya ligt bijgevolg helemaal niet in de lijn van klassieke theologische traktaten. Het bouwt niet verder op de visies van oude islamitische geleerden maar haalt zijn informatie en argumenten grotendeels van Amerikaanse christelijke instellingen zoals The Institute for Creation Research, een apologetisch 'onderzoeksbureau' uit Texas dat zich vooral tot doel stelt het Bijbelse creationisme te promoten.[15]

Wie het debat in *De Zevende Dag* goed volgde, kon zonder problemen horen dat dit traditionele samengaan van wetenschap en geloof ook door de imam werd aangehaald. Hoewel hij de evolutietheorie ontkende, deed hij dat niet louter op basis van zijn geloof. Hij deed dat vooral vanuit de optiek dat er wetenschappers zijn die de huidige evolutietheorie aanvechten. De imam ontkende dus geenszins de waarde van de wetenschap op zich. Hij beweerde enkel 'betere' wetenschappers te kennen. Die veronderstelling valt sterk in twijfel te trekken aangezien hij met de naam 'Harun Yahya' kwam aandraven wanneer hem gevraagd werd daarvan een voorbeeld te geven, maar de onwetendheid van de imam over Harun Yahya nam niet weg dat hij wetenschap op zich wel degelijk grote waarde toekende.

Niettemin bleek de aanvaarding van de wetenschap in de argumentatie van de imam slechts een oud residu te zijn van de traditionele islamitische visie waarin wetenschap en theologie niet 'tegenover' of 'naast' elkaar stonden en waarin beiden gezien werden als overlappende zoektochten naar kennis. Doorheen zijn argumentatie werd immers duidelijk dat hij zelf weinig grondig onderzoek had verricht en dat hij uiteindelijk wel meestapte in het typische dichotome debat. Hij liet de traditionele kijk varen en staarde zich blind op een letterlijke interpretatie van bepaalde Koranverzen.

Daarin is hij zeker niet alleen. Het pleidooi van de imam is slechts één typisch voorbeeld van bepaalde ideologische tendensen en theologische strekkingen die ondertussen door heel wat moslims omarmd worden. Dit soort tendensen, die er voor zorgen dat het zeer bedenkelijke werk van iemand als Harun Yahya uiteindelijk toch zijn weg vindt doorheen de islamitische wereld, heeft echter veel te maken met het feit dat ook de islamitische wereld op haar eigen wijze in spanning kwam te staan met het modernisme. Meer specifiek gaat het om tendensen die de kop op staken binnen een context van verzet tegen allerhande vormen van kolonisatie door Westerse machtsblokken.

Verzet tegen materialistische visies

Hoewel Husayn al-Jisrs ideeën uiteindelijk veel navolging vonden, ging dat niet zonder slag of stoot. Verschillende moslimtheologen hielden er van meet af aan creationistische ideeën op na en discussieerden over het thema. Meer nog, de eerste islamitische theoloog die het hele debat rond de evolutietheorie aankaartte was de gerenommeerde reformist Jamal al-Din al-Afghani. De titel van zijn boek, dat reeds in 1878 verscheen, verraadt echter veel. Het heet immers *De refutatie van de materialisten*. Zijn weerlegging van Darwins werk kaderde dan ook in een veel grotere poging om het filosofisch materialisme, zoals dat in die tijd gangbaar was, te ontkrachten.[16]

Op meerdere vlakken liet al-Afghani echter zien dat hij de evolutietheorie helemaal niet correct begrepen had. Maar voor sommige van zijn aanhangers was dat van weinig tel. Al-Afghani's pleidooi was in de eerste plaats een emotionele en apologetische uithaal naar bepaalde groeperingen en geleerden die zich in zijn ogen al te zeer lieten leiden door een drang naar verwestersing en die een al te materialistisch wereldbeeld aanhingen.

Meer dan honderd jaar later blijven de werken van al-Afghani en al-Jisr dan ook exemplarisch voor het hele debat. Vandaag gaat het immers om exact dezelfde tegenstelling. De context is anders, maar de dynamiek is identiek. De meeste moslims die de evolutietheorie verwerpen doen dat niet op basis van wetenschappelijke argumenten – wat men van de traditionele islam nochtans zou mogen verwachten. Al evenmin gaat het om een grondig theologisch debat met sterke voor- en tegenargumenten. In de eerste plaats gaat het over een vorm van protest tegen een al te Westerse en materialistische visie op het leven omdat men van mening is dat die visie het geloof in De Schepper tracht uit te roeien. Daarom staan ze ook bijzonder wantrouwig tegenover allerhande academische en wetenschappelijke vernieuwingen vanuit het Westen – zeker wanneer het een schijnbaar God-ontkennende theorie betreft zoals de evolutietheorie. Een zelfde wantrouwen kon men ook in de argumentatie van de imam ontwaren toen hij onomwonden aangaf dat hij de evolutietheorie niet aanvaardde "*omdat het een ideologisch systeem is waarmee men het geloof in de godsdiensten wenst te bestrijden.*" Of zoals hij er wat later aan toevoegde: "Uiteindelijk is het bedrog om te zeggen dat mensen van apen afstammen. Mensen zijn een unieke creatie van God."[17]

In dit verband is het echter tekenend dat al-Afghani zijn eigen visie uiteindelijk helemaal herzag. Al legde zijn eerste pleidooi de hoeksteen van het islamitisch creationisme, zo'n twintig jaar later schreef hij het boek *Al-Katirat* (*De ideeën*) waarin hij een geheel ander standpunt innam. Hij baseert zich in dat boek meer op rationaliteit dan op emoties. Zoals professor Ghaly beschrijft begon hij…

> …een onderscheid te maken tussen Darwin en zijn theorie aan de ene kant en andere Westerse filosofen zoals Büchner en Spencer en Oosterse filosofen zoals Shibli Shumayyil anderzijds, die Darwins theorie gebruikten om, volgens hem ten onrechte, materialisme en atheïsme te propageren. Zijn toon over Darwin is ook erg veranderd. Nu spreekt hij over de erkenning van Darwins vastberadenheid en zijn grote verdiensten voor de natuurwetenschappen.[18]

De imam in *De Zevende Dag* maakte deze omslag echter niet. Deze specifieke imam ziet zichzelf immers als een salafi. En net

zoals vele andere moslims die een vorm van salafisme
aanhangen, houdt hij wel degelijk vast aan zijn creationistische
visie en zijn verzet tegen bepaalde 'seculiere' denkbeelden.
Om deze 'salafistische houding' goed te begrijpen is het echter
noodzakelijk eerst even dieper in te gaan op de
ontstaansgeschiedenis van dat salafisme. Meer specifiek is vooral
de koloniale context van die ontstaansgeschiedenis van belang
om de uiteindelijke verspreiding van islamitisch creationisme
afdoende te begrijpen.

DE PLAATS VAN SALAFISME BINNEN DE ISLAM

Het salafisme wordt steevast voorgesteld als een radicale
strekking die moslims oproept om zich zo strikt mogelijk aan de
islamitische leefregels, te conformeren. Maar wat men
gewoonlijk aanduidt als 'het salafisme' valt immers uiteen in
verschillende strekkingen en subgroepen. Slechts een
minderheid daarvan roept op tot gewapende strijd. Het is zeker
zo dat de salafistische stromingen binnen de islam een
regelgerichte beleving van de islam prediken, maar het is dus
niet zo dat het salafisme diezelfde regels per definitie ook met
geweld aan anderen wil opleggen. Het grootste deel van de
salafisten hangt immers een vorm van salafisme aan die expliciet
pacifistisch is. Daarbinnen is zelfs een behoorlijk grote groep
eerder 'apolitiek'.[19]
Ook is het zo dat de verschillende salafigroeperingen
structureel niet altijd nauw met elkaar verbonden zijn. Wanneer
men er al te vaak in algemene termen over spreekt, kan het zo
overkomen maar het salafisme is geen specifieke leer van een
duidelijke afgelijnde groepering. Het is veeleer een soort

ideeëngoed dat zich ondertussen op een brede wijze doorheen de wereldwijde islamitische gemeenschap verspreid heeft.

Wat de verschillende salafigroeperingen met elkaar verbindt, is dus noch hun graad van agressiviteit noch hun specifieke structuur. Wat het salafisme dan wel tot salafisme maakt is een sterk doorgedreven en utopische poging om 'naar de bron terug te keren'. De term 'salafi' maakt dat op zich reeds duidelijk. Letterlijk vertaald betekent 'salaf' (of 'salafiyya' in het meervoud) immers 'voorouder(s)' of 'de voorganger(s)'. De term verwijst daarmee naar de metgezellen van de profeet en de eerste (drie) generatie(s) moslims.[20] Hedendaagse salafisten zijn dan diegenen die zich expliciet willen conformeren aan het gedrag van de oorspronkelijke salaf. Wat salafisten met elkaar verbindt, is met andere woorden de wens om zich zo strikt mogelijk aan (hun interpretatie van) het voorbeeld van de profeet en zijn metgezellen te houden door hen zo goed mogelijk te imiteren.[21] De vroege islamitische gemeenschap wordt door salafisten immers gezien als de ideale islamitische gemeenschap. In hun ogen bezaten de eerste moslims een buitengewone kracht en slaagden ze er daardoor in de islam over grote gebieden van de wereld te verspreiden. Alles wat na die eerste generaties ontstond, zien ze als degeneraties van deze oorspronkelijke en glorierijke islam.[22]

Sociologisch gesproken, zijn zo'n reactionaire 'terug-naar-de-bron' bewegingen helemaal niet zo uitzonderlijk. Je ziet ze doorheen de geschiedenis in allerhande tradities. Terugkeren naar de bron is immers een essentieel onderdeel van het spirituele leven van elke zoekende mens. Het is een soort basale 'religieuze reflex' om zich steeds weer te laven aan de bronnen van de traditie. Over de hele wereld laten de aanhangers van de verschillende religies zich daarom telkens opnieuw weer inspireren door eeuwenoude teksten en vertellen ze steeds weer dezelfde verhalen. Door die teksten en verhalen blijvend te herhalen gaan ze op zoek naar nieuwe betekenissen. Ze laten zich inspireren door oude profeten en wijzen om bepaalde hedendaagse situaties in een ander daglicht te zien.

Maar net omdat ze zo vaak voorkomen, kunnen terug-naar-de-bron-ideeën soms ook wat 'uit de hand lopen'. Sommige groeperingen gingen of gaan immers behoorlijk ver in hun zoektocht naar een geïdealiseerde oorsprong. Het 'herbronnen' wordt dan plots niet meer iets dat goed is om af en toe te doen. Het wordt in hun ogen het enige juiste dat men permanent moet doen.

Wanneer de herbronning zo'n radicale kant uit gaat, gebeurt dat echter nooit in een vacuüm. Het gaat steeds gepaard met specifieke sociale, politieke en maatschappelijke factoren die een dergelijk doorgedreven terugkeer naar de bron net op de spits drijven.

Het salafisme is daarvan een voorbeeld in de islamitische wereld. Want uiteraard hebben alle moslims een groot respect voor de eerste generaties en natuurlijk proberen alle moslims op één of andere manier 'het voorbeeld van de profeet' te volgen maar wat de focus van salafisten op dat vlak bijzonder maakt, is de vaak drammerige wijze waarop zij een heel aantal gebruiken, instellingen en praktijken die doorheen de traditie ontstonden als 'corrupties van de islam' beschouwen. Daarmee reageren ze echter vooral op specifieke realiteiten uit hun eigen tijd en context. Omwille van verschillende maatschappelijke spanningen om zich heen, wilden en willen salafisten niet enkel de bron terug in herinnering brengen om een spirituele en/of maatschappelijke balans te herstellen. Zij trachten bovenal de huidige islam totaal 'uit te zuiveren' van wat in hun ogen elementen zijn die niet tot de leefwereld van de eerste moslims behoorden. Bepaalde aspecten van de islamitische wereld, die voor de meerderheid van de moslims een gevestigd of integraal onderdeel zijn van de islamitische traditie gaan zij daardoor als oorzaken zien van de 'degeneratie' van de islamitische wereld. Ze noemen het bid'ah, of 'onjuiste vernieuwingen'.[23] Het bezoeken van heiligengraven, het spelen van muziek en extatische dansen zijn op dat vlak typische voorbeelden. Door zich van die 'vernieuwingen' te onthouden trachten ze de glorie van de islam te herstellen. Het hoeft niet te verwonderen dat zo'n gedachte vooral in een koloniale context veel navolging vond.

SALAFISME ALS VERZET TEGEN KOLONIALISME

Wanneer we de ontstaansperiode van de meest bekende salafistische groeperingen nagaan (of toch de groeperingen die gezien de rekbaarheid van het begrip 'salafisme' vaak als zodanig worden aangeduid), wordt duidelijk dat geen enkele daarvan teruggaat op eeuwenoude groeperingen binnen de islam. Ze zagen daarentegen allen het levenslicht in de loop van de laatste anderhalve eeuw binnen een koloniale context – of de uitlopers ervan: de deobandi: 1867, de ahl al-hadith: 1920, de tablighi jamaat: 1927, de Moslimbroeders: 1928, de stichting van het Wahabitische Saoedi-Arabië als koninkrijk: 1932[*], de jamaat-e-islami: 1941, de Hizb-ut-Tahrir: 1953.[24]

---

[*] De geschiedenis van het wahabisme de specifieke vorm van salafisme in Saoedi-Arabië, is iets complexer dan die van de andere groepen. Niettemin blijft het huidige wahabisme een koloniaal fenomeen. De voorlopers ervan werden immers hardhandig de kop ingedrukt door de Ottomaanse machtshebbers. Het was pas wanneer het Ottomaanse rijk desintegreerde en wanneer verschillende koloniale machten erop uit waren dat proces van desintegratie extra kracht bij te zetten dat het (door diezelfde koloniale machten gesteunde) Saoedische wahabisme werkelijk de ruimte kreeg om het Arabische schiereiland te veroveren en finaal uit te groeien tot een dominante ideologie in de Golf.

In een koloniale context had de grote meerderheid van de burgers in de kolonies nu eenmaal weinig tot geen toegang tot machtsstructuren en bezaten ze niet veel financiële of militaire middelen om verandering te bewerkstelligen. Religieuze sentimenten en spirituele gedrevenheid bleken dikwijls de enige houvast. Ze waren het laatste wat bepaalde gemeenschappen nog restte om verbondenheid te creëren. Ze gaven energie en hoop. Ze waren katalyserende krachten in de poging om de onderdrukking door Westerse grootmachten van zich af te werpen.

Het 'terug naar de salaf' was dus niet de leer van één specifieke groepering maar wel 'een idee dat sterk leefde'. Het kende een brede waaier aan uitdrukkingen, en beperkte zich helemaal niet tot groeperingen die we vandaag als salafisten aanduiden. Van Libië tot India stak de herbronningsgedachte de kop op en werd religie een sterke mobiliserende factor. (Ook het werk en de ideeën van Jamal-al-Din Al Afghani passen daar bijvoorbeeld in.) Kortom: de existentieel-spirituele reflex van zoeken naar de oorsprong veruitwendigde zich in uiteenlopende sociale, spirituele en politieke bewegingen die zich tegen imperialisme en kolonialisme verzetten vanuit een sterke islamitische bewogenheid.[25]

Dit verzet van het salafisme was voor velen een 'dubbel verzet'. Aan de ene kant verzette men zich tegen de economische onderdrukking, aan de andere kant verzette men zich tegen de wijze waarop de kolonisator zijn eigen gedachtegoed wenste op te leggen. Men kantte zich nu eenmaal tegen de seculiere visie die er van uitgaat dat de wereld door louter mechanische en fysische processen bepaald wordt omdat deze de islamitische wereld binnen sijpelde samen met onderdrukking en uitbuiting. De reactie tegen het filosofisch materialisme loopt dus parallel aan de reactie tegen het economisch materialisme en het legde de basis voor een oppositionele toevlucht tot 'het religieuze' die vandaag nog steeds nazindert.*

GELIJKLOPENDE PROCESSEN VAN ISLAMITISCH EN CHRISTELIJKE CREATIONISME

Dit alles zorgde ervoor dat het onderliggende proces in het ontstaan van islamitisch creationisme gelijk loopt met dat van de christelijke fundamentalisten. Een eerste stap was de overname van de modernistische denkwijze die een strikte grens trekt tussen 'het wereldse' en 'het religieuze'. Een tweede stap bestond erin een rangorde aan te brengen tussen deze beide dimensies. In het geval van de fundamentalisten werd het primaatschap vanzelfsprekend aan 'het religieuze' toegekend, al was het maar om zich af te zetten tegen het primaatschap van 'het wereldse'. Een laatste stap bestond er in de aparte dimensie van 'het religieuze' zo duidelijk mogelijk af te bakenen en te beschermen. Eeuwenoude flexibele lezingen van de heilige teksten liet men achterwege om via ééenduidige interpretaties 'het religieuze' zo goed mogelijk te bewaren. Wat men voorheen allegorisch las, werd letterlijk, wat symbolisch was, werd feitelijk.

Zo ontstaat natuurlijk een eigenaardige paradox: in een poging om zich af te zetten tegen de moderniteit, wordt de traditionele wijze van omgaan met religie overboord geworpen door moderne groepen die van zichzelf beweren traditioneler dan traditioneel te zijn. Niettemin tekent een dergelijke trend zich

---

* In het boek Slaats, *Fast Food Fatwa's: over islam,moderniteit en geweld*, 2017 wordt dieper ingegaan op 'het modernisme van het salafisme'. De lezer die deze onderwerpen dus dieper wil uitspitten, doet er goed aan dat boek ter hand te nemen.

alsmaar sterker af in de wereldwijde islamitische gemeenschap waardoor die zeker ook voelbaar wordt buiten de salafimilieus. Niet onbelangrijk in dit alles is natuurlijk dat de Saoedische overheid, die haar staatsideologie op een bijzonder strikte versie van het salafisme baseert, al vele decennia op heel wat olie-inkomsten kan rekenen. Dit zorgde er voor dat ze jarenlang hun specifieke invulling van islam op verschillende wijzen naar alle uithoeken van de islamitische wereld kon exporteren. Dus al blijft het salafisme – en zeker het Saoedische wahabisme – een relatief kleine strekking binnen de islam, omwille van de onderliggende economische macht weerklinkt het vaak zeer luid.

Dit zorgt er uiteindelijk voor dat heel wat ideologen en predikers zich steeds meer gaan bedienen van dichotomieën die wezenlijk niet tot hun eigen traditie behoren maar die uiteindelijk onderdelen zijn van het wereldbeeld waartegen ze zich verzetten. Zo gaan ook zij steeds meer een tegenstelling zien tussen traditie en moderniteit en, daarop voortbouwend, tussen religie en wetenschap. De telkens opnieuw terugkerende keuze voor creationisme is daar heel eenvoudig een bijzonder uitgesproken voorbeeld van.

Het hoeft dan ook niet te verwonderen welke instituten en geleerden (naast bizarre figuren zoals Harun Yahya) de grootste promotoren zijn van een strikte creationistische visie. Zo kunnen we bijvoorbeeld verwijzen naar De Permanente Comissie voor Wetenschappelijk Onderzoek en Religieus Advies, de officiële Saoedische autoriteit van fatwa's. Toen deze commissie over de hele thematiek een fatwa formuleerde, hield ze het heel kort:

> De evolutietheorie die bekend staat als de theorie van Darwin is in strijd met het Boek van God [de Koran], de Soenna van Zijn Boodschapper – vrede en zegeningen van God zij met hem – en ook met de consensus van de bezitters van kennis en geloof. Uit de Koran en de Soenna blijkt dat Adam geschapen is uit stof en zijn vrouw uit hem.[26]

Kortom: aangezien de evolutietheorie niet overeen komt met de letterlijke betekenis van een aantal verzen in de Koran, kan die niet kloppen.

Een dergelijke redenering vindt men evenzeer terug op allerhande druk bezochte reactionaire islamitische webfora. Die fora laten tevens goed zien dat het islamitische creationisme naast een letterlijke lezing van bepaalde Koranverzen ook vaak argumenten gebruikt die men in andere creationistische pleidooien te horen krijgt. Dat gaat van vragen over de afwezigheid van bepaalde evolutionaire tussenstadia tot samenzweringstheorieën rond academische vervalsingen van sommige bewijzen. Maar wie de teksten goed analyseert, merkt telkens opnieuw dat men in wezen vooral de relevantie van religie wil vrijwaren. Een typisch en sprekend voorbeeld de uitgebreide tekst van een zekere Zameelur Rahman die op sommige (salafistische) webfora als gezaghebbend naar voor geschoven wordt en waarin uiteengezet wordt dat men "van bij het begin goed moet verstaan dat de islam een religie is die de mensheid wil wegleiden weg van het donker van ongeloof in God, hedonisme en slechtheid en naar het licht wil brengen van geloof, rechtvaardigheid en goed gedrag."[27]

CONCLUSIE:
CREATIONISME, EVOLUTIELEER
EN BEELDVORMING

VERSCHILLENDE VISIES

Als men dus de vraag stelt: 'hoe gaat de islam om met de evolutietheorie?' is het eenvoudige antwoord dat daar eigenlijk geen antwoord op bestaat. Het hangt er maar van af aan wie je de vraag stelt en hoeveel autoriteit je hem of haar toekent. Welke geleerden lees je er op na? Welke spirituele strekking volgen ze? Welke plaats hebben ze in de grotere islamitische gemeenschap? Afhankelijk daarvan kan de 'islamitische visie' op evolutietheorie heel erg verschillen.

Ook creationistische ideeën hebben zeker hun plaats binnen de islam. Zij werden en worden door sommige moslims immers met vuur verdedigd. Maar al krijgen die creationistische ideeën vaak meer aandacht, dat betekent daarom nog niet dat zij de norm vertegenwoordigen. Hoe men het ook draait of keert, het creationisme wordt nu eenmaal niet stevig gedragen door de bredere islamitische traditie aangezien de samenhang tussen wetenschap en religie door de klassieke islam nooit werd geproblematiseerd. Daardoor is het voor heel wat moslims geen enkel probleem om God aan het werk te zien 'doorheen' de biologische en fysische wetten van de schepping. Al evenmin is het onoverkomelijk om de Koranverzen die naar scheppingsdaden verwijzen symbolisch en spiritueel te interpreteren.

Het merendeel van de serieuzere moslimgeleerden verdedigde en verdedigt het creationisme daardoor niet. Meer nog, als sommige gezaghebbende theologen er toch een creationistische visie op na houden dan gaat het meestal niet om een afwijzen van de evolutietheorie op zich, maar veeleer om een uitzonderingspositie inzake de menselijke soort en zijn afstamming van Adam.

Dat werd meer dan duidelijk op een belangrijk debat dat in januari 2013 georganiseerd werd door het gerespecteerde Engelse Deen Institute. Verschillende wetenschappers en theologen waren toen aanwezig die er elk een andere visie op na hielden.

Eén van de sprekers was Dr. Oktar Babuna, een volgeling van Harun Yahya. Maar zijn doorgedreven creationistisch standpunt werd zowel wetenschappelijk als theologisch door alle overige sprekers totaal weerlegd. Zijn wankele pleidooi werd daarenboven met veel hilariteit onthaald door het aanwezige publiek.[28]

Dat was helemaal anders in het geval van de populaire conservatieve Yale-theoloog Yasir Qadhi en zijn 'uitzonderings-creationisme'. Qadhi, die zich voorheen vooral in salafimilieus bewoog, begon zijn uiteenzetting met de stelling dat er geen enkel conflict kon zijn tussen de wetenschap en de islam:

> De wetenschap is de studie van Gods schepping en de Koran is Gods woord. Zijn schepping en zijn woord kunnen niet met elkaar in tegenstelling zijn. (...) Als er dus een conflict lijkt te bestaan tussen wetenschap en religie, dan is dit geen reëel conflict, maar is er enkel een probleem van perceptie.[29]

Zoals ondertussen duidelijk mag zijn, hoeft dit standpunt hoegenaamd niet te verwonderen. Meer nog, Qadhi trok de redenering zonder problemen door en stelde dat wetenschappelijke bevindingen er soms kunnen toe leiden dat men bepaalde passages in de Koran anders gaat interpreteren. Als voorbeeld noemde hij de verzen die aangeven dat de schepping in een aantal dagen geschapen werd. Zowel theologisch als linguïstisch is het immers mogelijk om het woord 'dagen' niet letterlijk als een periode van 24 uur te interpreteren maar als een onbepaalde tijdsperiode te beschouwen (waarvan enkel God weet hoe lang die werkelijk duurden).

Maar, zo stelde hij eveneens, een andere mogelijkheid is natuurlijk dat de wetenschap nog niet alle puzzelstukken bijeen heeft gebracht en dat de openbaring op bepaalde vlakken wel degelijk meer informatie biedt. Dat is volgens Qadhi het geval wat betreft het ontstaan van de mens. Hij maakte zijn punt met een crescendo duidelijk:

> Het is een vergissing van moslims om niet in de evolutietheorie te geloven. In tegendeel, de meeste elementen van die theorie vormen geen enkel probleem voor ons. Meer nog, er is zelfs geen probleem om de gemeenschappelijke oorsprong te erkennen van alle wezens op aarde – maar dan wel met één uitzondering: het menselijke leven.[30]

De verzen in de Koran die het ontstaan van de mensheid beschrijven zijn volgens Qadhi immers overduidelijk – zelfs zo duidelijk dat een louter allegorische interpretatie al te ver gaat.

In het vervolg van zijn lezing vroeg Qadhi om een zekere nederigheid onder evolutionaire biologen aangezien ook zij nu eenmaal niet aanwezig waren op het ogenblik dat de eerste mens gecreëerd of geboren werd. Anders gezegd: niemand zal ooit met totale zekerheid weten hoe de mensheid precies ontstond. Elke wetenschap heeft nu eenmaal zijn grenzen. Net als elke andere menselijke visie, bieden ook wetenschappelijke bevindingen slechts een beperkt zicht op de totale werkelijkheid. De hypothetische conclusie die logisch lijkt voort te vloeien uit de evolutietheorie mag men daardoor volgens Qadhi niet per definitie aan iedereen opleggen. De mogelijkheid van een transcendente interventie, die de menselijke soort 'anders' maakt dan alle anderen, blijft wel degelijk bestaan.

Volgens Qadhi werd de mens op een miraculeuze wijze in het natuurlijke proces van evolutie 'toegevoegd' als een soort allerlaatste dominoblokje. Voor gelovigen is dit dominoblokje een mirakel van God, voor ongelovigen, zo geeft hij toe, lijkt er een causaal verband te bestaan met de voorgaande en volgende dominoblokjes. Maar het zo expliciet 'anders' zijn van de mens (bijvoorbeeld op vlak van zelfbewustzijn en intellect) toont volgens hem dat er op een bepaald moment iets hoogst eigenaardig en mysterieus gebeurde dat de 'gewone evolutie' lijkt te overstijgen.[31]

Uiteraard is ook Qadhi's stelling zeker geen finale islamitische visie. Ik ging er slechts dieper op in om eveneens een voorbeeld te geven van een zinnig islamitisch creationistisch standpunt. Naast iemand als Qadhi staan immers ook vele moslimgeleerden – zowel theologen als wetenschappers – die geen enkel probleem hebben om de gehele evolutietheorie te aanvaarden. Zo nam Fatimah Jackson, een professor in biologische antropologie een geheel andere stelling in tijdens dezelfde conferentie. Ze vertelde dat ze al sinds de jaren 70, lang voor ze tot de islam bekeerde, les gaf over evolutietheorie en dat ze daar geen graten in zag toen ze moslim werd. In haar beleving zet de wetenschap immers enkel uiteen 'hoe' dingen werken en niet 'waarom'.[32]

Usaama al-Azami, een onderzoeker aan de Princeton University, schreef naar aanleiding van de conferentie een opiniestuk waarin hij een gelijkaardig standpunt nog iets dieper uitwerkt en dat, om de cirkel rond te maken, terug aan Husayn al-Jisr doet denken:

> Mijn eigen voorstel voor Moslims die met de thematiek worstelen bestaat erin een onderscheid te maken tussen twee soorten waarheid: empirische en geopenbaarde. Empirische waarheid is wat wetenschap tot wetenschap maakt. Het is afhankelijke van onze waarnemingen en de huidige staat van de kennis van de mensheid. (...) Geopenbaarde waarheid, daarentegen, baseert zich op de openbaring die, als je er in gelooft, de Waarheid is met grote W. Voor de gelovige is die absoluut en niet relatief. Tegenstellingen tussen beiden zijn helemaal niet nieuw voor moslimtheologen. Een eenvoudig voorbeeld daarvan is de uitspraak van de profeet dat de ondergaande zon naar Gods Troon gaat en er zich in aanbidding neerlegt vooraleer uit het Oosten weer op te komen. Er is quasi geen enkele moslimtheoloog die dergelijke geopenbaarde waarheden ooit als empirische waarheden heeft bekeken. Een moslim zal wel degelijk in de geopenbaarde waarheid geloven, maar daarom nog niet denken dat de empirische waarheid fout is. De evolutietheorie hoeft dan ook geen probleem te veroorzaken voor traditionele islamitische overtuigingen. Indien de Koran schijnbaar empirische uitspraken doet over de schepping, moeten die niet in de alledaagse letterlijke zin begrepen worden, zelfs wanneer we ze metafysisch voor Waar aannemen. Zo zullen vele moslims het bijvoorbeeld heel gewoon vinden om dezelfde logica toe te passen op allerhande antropomorfe beschrijvingen van God in de Koran.[33]

Een onecht debat

Finaal mag dus duidelijk zijn dat een strikt creationisme, dat de evolutietheorie totaal verwerpt, eigenlijk een historische en theologische anomalie is binnen de islam. Daardoor blijft het hoogst eigenaardig dat niet alleen in Vlaanderen maar ook in heel wat andere landen grote groepen van de moslim-gemeenschap er van overtuigd zijn dat hun islamitische geloof een creationistische visie op de schepping onderschrijft. Zoals hierboven uiteengezet, maakt een wat grondiger onderzoek naar de gangbare creationistische opvattingen snel duidelijk dat ze niet zozeer omwille van hun theologische of wetenschappelijke sterkte worden overgenomen en wel uit socio-cultureel verzet tegen Westerse invloeden en filosofisch materialisme.

Zoals werd uiteengezet, is het samengaan van wetenschap en geloof eerder een evidentie in klassieke islamitische teksten. Maar jongeren verdiepen zich natuurlijk niet altijd zeer stevig in hun eigen traditie. Wat ze wel doen is fel reageren – zeker wanneer een deel van hun identiteit telkens opnieuw wordt aangevallen. En die felle reactie vertrekt in dit geval niet vanuit islamitische principes maar wel vanuit de vooronderstellingen van de dominante groep in de samenleving. "U zegt dat religie creationistisch is? En u zegt dat ik mijn religieuze creationisme niet mag aanhangen? Vergeet het maar. Dat doe ik lekker wel."

Het is pijnlijk om te zien dat men aan beide kanten in dit dovemansgesprek steeds minder moeite doet om werkelijk te dialogeren, met als gevolg dat elke mogelijke nuance verdwijnt.

Mocht men het gesprek wel degelijk openen, dan zou men al snel merken dat het, net zoals een eeuw geleden, ten diepste eigenlijk niet over de evolutietheorie gaat en wel over het diepere wereldbeeld. De echte discussie draait immers niet rond genetica. Het gaat daarentegen over de vraag of alles in de wereld wel degelijk aan louter biologische, chemische, fysische en mechanische wetten voldoet. Het gaat over de vraag of er ook sprake is van bezieling. En over de vraag of die bezieling dan voortvloeit uit het goddelijke of niet.

Over dat soort vragen kan men uiteraard lang debatteren en discussiëren. Maar wat men niet moet doen, is ze problematiseren. Het is immers bizar dat men steeds 'de schuld' van het vastgelopen debat volledig toeschrijft aan de moslimjongeren die, zo wordt verondersteld, 'omwille van hun geloof niet naar de leerkracht willen luisteren'. Op zijn minst is het toch ook een tikje eigenaardig dat heel wat leerkrachten niet langer een bijzonder legitiem gesprek kunnen voeren over ons huidige mens- en wereldbeeld.

Het is dan ook van groot belang dat we inzien hoezeer het hedendaagse debat rond de islamitische visies op evolutietheorie inherent verbonden is met de sociale, culturele en politieke evoluties van de laatste decennia. Binnen dat debat doen we echter te weinig moeite om tot de werkelijke kern te komen. Laat staan dat men zich de moeite getroost om te achterhalen op welke manieren verschillende moslimgeleerden werkelijk naar de evolutieleer keken en kijken. En het pijnlijke is natuurlijk dat niet alleen seculiere geesten, die het creationisme onder moslimjongeren als een enorm gevaar beschouwen, op dat vlak in gebreke blijven maar dat ook moslims daarin vaak tekort schieten.

Zo blijven we gevangen in een onecht debat dat steeds weer vanuit bepaalde premissen vertrekt die, zoals ik in het begin van dit essay reeds aangaf, bol staan van de historische, theologische en sociologische misvattingen. De islam voorstellen als een 'standaardreligie' die per definitie een letterlijke lezing van de schriften en een bijhorend creationisme hoog in het vaandel draagt, is historisch incorrect aangezien de islam in het verleden reeds lang bewezen heeft zonder problemen in staat te zijn de evolutietheorie te accepteren. Het is theologisch incorrect omdat geloof en wetenschap in de islamitische traditie nooit antagonismen waren. En het is sociologisch incorrect omdat het huidige islamitische creationisme, zoals we dat in onze Vlaamse en Nederlandse scholen aantreffen, niet voortvloeit uit oude religieuze leerstellingen maar uit specifieke socio-politiek evoluties.

EEN NIEUW DEBAT OP DE ZEVENDE DAG?

Al werd in dit essay geregeld kritisch verwezen naar de uitspraken van de imam in die ene uitzending van *De Zevende Dag*, de impliciete veronderstellingen van de presentator en de professor waren in datzelfde debat op vele vlakken minstens even problematisch. In het geciteerde fragment vertoonden ook zij geen inzicht in de bredere islamitische traditie en ook zij vertrokken vanuit premissen die het hele debat op voorhand in een onjuist kader wrong van geloof vs. wetenschap.

Om dat soort onechte debatten in de toekomst te voorkomen, moeten we ons totaal andere vragen stellen dan de vraag of moslims in evolutietheorie geloven. Want waarom gaan we er steeds weer van uit dat religie en wetenschap per definitie aan elkaar tegengesteld zijn terwijl dat op vele gebieden een behoorlijk onzinnig onderscheid is? Waarom willen we die dichotomie toch steeds weer bevestigen door ongenuanceerde figuren te laten opdraven in de media, ook wanneer die van bepaalde thema's bijzonder weinig kennis hebben en in dergelijke kwesties helemaal niet representatief zijn? Waarom zijn we er ons zo weinig van bewust dat allerhande ideologische evoluties binnen de hedendaagse islam vooral ontstonden als een reactie op de wereldwijde verspreiding van onze eigen culturele paradigma's? En waarom blijven we telkens opnieuw totaal blind voor dit soort mechanismen die heel wat maatschappelijke debatten op voorhand ontwrichten?

Om dat soort onechte debatten in de toekomst te voorkomen, is het bijgevolg meer dan noodzakelijk dat we ons ontdoen van simplistische tweedelingen die enkel tot polarisering en nonsens leiden.

NOTEN

[1] Zie: Bogaerts, *De ontkenning van de evolutietheorie door de islam*, 2005; Van Raaij, *Darwin is de profeet niet*, 2005.

[2] Ghaly, *Islam en Darwin: De receptie van Darwin en de evolutietheorie in de islamitische traditie*, 2010.

[3] Ghaly, *Islam en Darwin*, 2010.

[4] Zie: http://www.youtube.com/watch?v=4MMpxlN-TdQ

[5] Zie: Yahya, *The Atlas of Creation*, 2005.

[6] Zie: Hannam, *God's Philosophers: How the Medieval World Laid the Foundations of Modern Science*, 2009. (Mijn vertaling.)

[7] Zie: Hannam, *God's Philosophers*, 2009.

[8] Zie: Hannam, *God's Philosophers*, 2009.

[9] De zinnen uit deze paragraaf komen vrijwel woordelijk uit Hannam, *God's Philosophers*, 2009. Voor de vlotheid van de tekst werden ze niet als aparte zinnen geciteerd.

[10] Zie: Taylor, *The Text of Augustine's De Genesi Ad Litteram*, 1950; Schaff, *Fathers of the Third Century: Tertullian, Part Fourth; Minucius Felix; Commodian; Origen, Parts First and Second*, s.d.

[11] Zie: Armstrong, *The Bible: The Biography*, 2007; Armstrong, *Fields of Blood*, 2014.

[12] Zie bijv.: Armstrong, *The Battle for God: Fundamentalism in Judaism, Christianity and Islam*, 2000; Armstrong, *Fields of Blood*, 2014; de Koning (e.a.), *Salafisme: Utopische idealen in een weerbarstige praktijk*, 2014.

[13] Zie bijv.: Al-Khalili, *Science and Islam*, 2009; Al-Khalili, *The House of Wisdom: How Arabic Science Saved Ancient Knowledge and Gave Us the Renaissance*, 2010; Masood, *Science and Islam: A History*, 2009; Hannam, *God's Philosophers*, 2009.

[14] Zie bijv.: Al-Azami, *Muslims and Evolution in the 21st Century: A Galileo Moment?*, 2013.

[15] Zie bijv.: Harrison, *The Cambridge Companion to Science and Religion*. 2010; Musaji, Book Review: Atlas of Creation (Harun Yahya), 2009.

[16] Zie: Ghaly, *Islam & Darwin*, 2010 en Majid, *The Muslim Responses to Evolution*, sd.

[17] Zie.: http://www.youtube.com/watch?v=4MMpxlN-TdQ

[18] Ghaly, *Islam & Darwin*, 2010

[19] Zie bijv.: Mulder, *Salafistische moslims zijn meestal vreedzame utopisten*, 2016.

[20] Zie o.a.: Qadhi, *On Salafi Islam*, 2014; de Koning (e.a.), *Salafisme*, 2014; Brown, *Salafism*, 2009; Olidort, *The Politics of "Quietist" Salafism*, 2014; Lauzière, *The Making of Salafism: Islamic Reform in the Twentieth Century*, 2015.

[21] Zie o.a. Qadhi, *On Salafi Islam*, 2014; .; de Koning (e.a.), *Salafisme*, 2014; s.d.; Brown, *Dr. Jonathan AC Brown - What is Salafism?*, 2014.

[22] Zie o.a.: Brown, *Salafism*, 2009; Brown, *Dr. Jonathan AC Brown - What is Salafism?*, 2014; Olidort, *The Politics of "Quietist" Salafism*, 2014.

[23] Zie bijv.: de Koning (e.a.), *Salafisme*, 2014; Brown, *Salafism*, 2009; Brown, *Dr. Jonathan AC Brown - What is Salafism?*, 2014.

[24] De verschillende jaartallen zijn publieke en toegankelijke informatie. Men kan ze bijv. heel eenvoudig op de Wikipediapagina's van de desbetreffende bewegingen en groeperingen terugvinden.

[25] Zie bijv..: Oxford Islamic Studies Online, *Islamic Modernism and Islamic Revival*, s.d.; Lapidus, *Islamic Revival and Modernity: The Contemporary Movements and the Historical Paradigms*, 1997; Nasr, *European Colonialism and the Emergence of Modern Muslim States*, 1999.

[26] Geciteerd in Ghaly, *Islam & Darwin*, 2014.

[27] Rahman, *The Theory of Biological Evolution and Islam*. s.d.

[28] Zie: The Deen Institute. *Have Muslims Misunderstood Evolution?* 2013 en Hameed. *Muslim thought on evolution takes a step forward.* 2013.

[29] Qadhi, *Theological Debate on Evolution*, 2013.

[30] Qadhi, *Theological Debate on Evolution*, 2013.

[31] Hameed. *Muslim thought on evolution takes a step forward.* 2013.

[32] The Deen Institute. *Have Muslims Misunderstood Evolution?* 2013

[33] Al-Azami, *Muslims and Evolution in the 21st Century: A Galileo Moment?*, 2013.

BIBLIOGRAFIE

VAN DE GECITEERDE EN GEREFEREERDE WERKEN

Al-Azami, Usaama. *Muslims and Evolution in the 21st Century: A Galileo Moment?* Huffington Post, 16 04 2013. http://www.huffingtonpost.com/usaama-alazami/muslims-and-evolution-in-the-21st-century-a-galileo-moment_b_2688895.html (geopend 01 04 2016).

Al-Khalili, Jim. *Science and Islam.* 2009.

Al-Khalili, Jim. *The House of Wisdom: How Arabic Science Saved Ancient Knowledge and Gave Us the Renaissance.* Penguin Books, 2010.

Armstrong, Karen. *Fields of Blood: Religion and the History of Violence.* (Kindle ed.) The Bodley Head, London, 2014.

Armstrong, Karen. *The Battle for God: Fundamentalism in Judaism, Christianity and Islam .* Knopf/HarperCollins, 2000.

Armstrong, Karen. *The Bible: The Biography.* Atlantic Books, London, 2007.

Bogaerts, An. *De ontkenning van de evolutietheorie door de islam. Scriptie voor de opleiding Journalistiek.* De Vlaamse ScriptieBank, 2005. http://www.scriptiebank.be/scriptie/de-ontkenning-van-de-evolutietheorie-door-de-islam (geopend 14 09 2014).

Broadly. *Inside The Weird World of an Islamic 'Feminist' Cult.* Youtube, 20 11 2015. https://www.youtube.com/watch?v=7bH21w2R0hc&feature=youtu.be (geopend 07 09 2016).

Brown, Jonathan. *Dr. Jonathan AC Brown - What is Salafism?* Youtube, 10 07 2014. https://www.youtube.com/watch?v=PcxVXqHz-v0 (geopend 25 07 2015).

Brown, Jonathan. *Salafism.* Oxford Bibliographies, 14 12 2009. http://www.oxfordbibliographies.com/view/document/obo-9780195390155/obo-9780195390155-0070.xml (geopend 25 07 2015).

De Koning, Martijn, Joas Wagemakers, en Carmen Becker. *Salafisme: Utopische idealen in een weerbarstige praktijk.* Parthenon, Almere, 2014.

Ghaly, Mohammed. *Islam en Darwin: De receptie van Darwin en de evolutietheorie in de Islamitische traditie.* In Diesen, Alfred & Nienhuis, Gerard. *Evolutie: Wetenschappelijk model of seculier geloof.* Kok, 2010. Online beschikbaar via https://openaccess.leidenuniv.nl/bitstream/handle/1887/16538/Ghaly_Islam_Darwin. pdf (laatst bezocht op 30/10/2014)

Hajiyev, Namig. *Adnan Oktar (Harun Yahya) shows how to dance Gangnam style.* Youtube, 10 10 2012. https://www.youtube.com/watch?v=12a0DiWdbo0 (geopend 09 09 2014).

Hameed, Salman. *Muslim thought on evolution takes a step forward.* The Guardian, 11 01 2013. http://www.theguardian.com/commentisfree/belief/2013/jan/11/muslim-thought-on-evolution-debate (geopend 14 09 2014).

Hannam, James. *God's Philosophers: How the Medieval World Laid the Foundations of Modern Science.* Icon Books, London, 2009.

Harrison, Peter (red.), *The Cambridge Companion to Science and Religion.* Cambridge: Cambridge University Press, 2010.

Kontak. *Adnan Oktar - (Jennifer Lopez - Fresh Out The Oven).* Youtube, 16 08 2013. https://www.youtube.com/watch?v=gKRy9gYc6OE (geopend 01 04 2014).

Lapidus, Ira M. *Islamic Revival and Modernity: The Contemporary Movements and the Historical Paradigms.* In Brill, *Journal of the Economic and Social History of the Orient.* vol. 40, nr. 4, 1997, p. 444-460.

Lauzière, Henri. *The Making of Salafism: Islamic Reform in the Twentieth Century.* Columbia University Press, New York, 2015.

Majid, Abdul, *The Muslim Responses to Evolution.* s.d. http://www.irfi.org/articles/articles_151_200/muslim_responses_to_evolution.htm (laatst bezocht op 14/09/2014)

Mulder, Eildert. *Salafistische moslims zijn meestal vreedzame utopisten.* Trouw, 12 05 2014. http://www.trouw.nl/tr/nl/4728/Islam/article/detail/3653613/2014/05/12/Salafistische-moslims-zijn-meestal-vreedzame-utopisten.dhtml (geopend 15 04 2016).

Nasr, S.V.R. *European Colonialism and the Emergence of Modern Muslim States.* In Esposito, John L. (red.).*The Oxford History of Islam*, Oxford University Press, 1999.

Olidort, Jacob. *The Politics of "Quietist" Salafism.* The Brookings Project on U.S. Relations with the Islamic World , 2015. https://www.brookings.edu/wp-content/uploads/2016/07/Brookings-Analysis-Paper_Jacob-Olidort-Inside_Final_Web.pdf (geopend 04 11 2016).

Oxford Islamic Studies Online. *Islamic Modernism and Islamic Revival.* sd. http://www.oxfordislamicstudies.com/article/opr/t253/e9 (geopend 09 04 2016).

Qadhi, Yasir. *On Salafi Islam.* Muslim Matters, 2014. http://cdn.muslimmatters.org/wp-content/uploads/On-Salafi-Islam_Dr.-Yasir-Qadhi.pdf (geopend 31 07 2015).

Qadhi, Yasir. *Theological Debate on Evolution.* Youtube, 05 01 2013. http://www.youtube.com/watch?v=dGdXKLipHfY (geopend 01 04 2016).

Rahman, Zameelur. *The Theory of Biological Evolution and Islam*. s.d. http://www.sunniforum.com/forum/showthread.php?99887-The-Theory-of-Biological-Evolution-and-Islam-by-Zameelur-Rahman (laatst bezocht op 14/09/2014)

Schaff, Philip. *Fathers of the Third Century: Tertullian, Part Fourth; Minucius Felix; Commodian; Origen, Parts First and Second*. Christian Classics Etheral Library, sd. http://www.ccel.org/ccel/schaff/anf04.vi.v.v.i.html (geopend 01 04 2016).

Taylor, John H. *The Text of Augustine's De Genesi Ad Litteram*. In *Speculum*. 25, nr. 1, 1950. p.87-93.

The Deen Institute. *Have Muslims Misunderstood Evolution?* Youtube, 2013, http://www.youtube.com/watch?v=FbynBJVTWKI (geopend 14 09 2014).

Van Raaij, Ben. *Darwin is de profeet niet*. De Volkskrant, 09 04 2005. http://www.volkskrant.nl/magazine/darwin-is-de-profeet-niet~a655642/ (geopend 01 04 2016).

Yahya, Harun. *The Atlas of Creation*. Global Yayıncılık, 2006.

Over de auteur

Als schrijver en sociaal activist beweegt Jonas Slaats zich steeds op de snijlijn van mystiek en maatschappijkritiek. Na zijn filosofische, antropologische en theologische studies werd hij actief in verschillende vormen van lokaal en internationaal vredeswerk – vaak met een focus op het multiculturele samenleven en het spanningsveld van religie, politiek en samenleving.

Enkele van zijn eerdere publicaties zijn *Fast Food Fatwa's: over islam, moderniteit en geweld*, *Halal Monk: een christen op reis door de islam*, en *Adem: De essentie van meditatie en gebed*.

Meer uitleg over zijn teksten, essays en boeken evenals een kalender van zijn publieke lezingen vindt u op www.jonasslaats.net.

KIF/KIF

www.yunuspublishing.org
www.kifkif.be

Met de steun van

Vlaanderen
verbeelding werkt

www.ingramcontent.com/pod-product-compliance
Lightning Source LLC
Chambersburg PA
CBHW021227020426

42331CB00003B/499